Raoul Téves

Epidémie 2020

Poêmes années 2000

Préface

C'est avec une souffrance pour
les hommes que j'ai nommé ce livre
de ce nom.

Cet ouvrage est fait de poêmes
des années 2009 - 2010 - 2011.

Je souhaite au lecteur une évasion
poétique face au problème dont
on survivra qui est coronavirus.

                              Raoul Tévès 2020.

Souvenir 1971

Nous vendions
Sur le mur,
Nos lilas rosacés;

A cette fille
Descendant
De sa cité,
Au bas de Palaiseau,

C'était comme
La danse nue,
Et profane, de Fernandel !
Et j'étais
Avec ma jeune soeur.

Salima

Dans le phyltre malherien,
s'éveille le rapport humain;
la terre qui s'enneige
dans le songe métaphysique.

La journée se lève
dans le cri macabre,
de la marche sombre,
et l'individu se dégaine...

La prière se rattache
et la nuit s'en va noire
pleine de cris manipulés.
Chaque homme se trouve !

Mahler ou mal dans l'air,
un son des culpabilités d'angoisse,
un tableau de stratège...
Trouve ta nuit pour le jour.

Roman

J'avais vu
Quelques expositions
De piano Brodwood;
Dans le travers
D'une vieille gravure,
Viennoise et profonde;

Cela des «verts»!
Les uns à côté
Des autres,
Quelque part
Derrière un long
Rideau,.
Il y avait Beethowen !

Avec ses quelques
Chillings...!
Qui bruissaient
Comme un dromadaire
Et le troublant Shubert !
...Qui le suivait
Dans une Rue
Si lointaine et pavée...
Chambre dans la musique.

Je vis dans un pays
Où l'autre, je ne le vois pas
Est-il sur un fauteuil
Près de moi ?

Où fais-je semblant
De parler à quelqu'un
Qui est transparent
Fantôme, près de moi ?

Je parle, je parle, je parle;
Et l'on peut parler
Comme ça, dans le dire
Du Rien, pour personne !
Avec cet «Autre».

La parole n'a pas de limites,
Mais il faut se limiter,
A la folie... Encore...

Hôtel

Il y avait devant
Chez moi, l'hôtel,
Où l'on voyait
Que je buvais le vin,
Quelques japonais...

J'étais «culture»,
Et en quelques moments
Absurdes, j'apprenais
A écrire à un oiseau ?

Le vent des villes
Est souvent essoufflé !
Et dans un grand
Carré, j'abordais
Le conscient et le bien.

J'étais dans
Cette presque pénombre,
Profonde des Bruckner,
De grands chapiteaux,
Aux lumières des voiles.

Ces si grands bateaux
Si lointains,
Aux fonds de nos
chimères;

Quelques «Poe» des
Husher ! - Et ce temps !

Faut qu'le monde

Se mette en scène, et

je les vis là s'embrasser,

leur vie, était dèjà

commençée

Mort du Claude

Le p'tit Claude
Dit «la caille»
Du bar «Québec»,
Est mort.

Il était garçon
Sans cols
Et au vieux pantalon;

Il est mort,
Et a parlé
A tous ces oiseaux
De passage,
Qui lui ont laissé
Presque rien,

Oui «la caille»,
Qui vous fait rentrer
Dans des histoires
Les vôtres...

Déportation

Raoul Tévès 2008

Celui qui s'en va
Il était derrière
Sa fenêtre
Sans bouger,
Les autres le regardaient
Et dans les rayons...
Dans...
Il disparaissait
Sans regard,
Derrière encore
La fenêtre piquée.
L'un !...
Parti dans les,
Solaires fumées,
Ces nuages miroités.
Ma deuxième symphonie
De Brahms ?

Matin

Ce passager
si lointain
du temps
près de moi,
en face de moi,
Il vient près
de moi,
inconnu
comme une ombre,
travaillant
sur son bureau,
il était là
ce vieux personnage...

Sur les papiers de mon père

Cet enfant
M'a dit au revoir
Dans sa voiture
De ses lunettes voyeuses -
et puis il me dit
Dans l'infini
C'est dans quelques
jours.. A toi !

Cet oiseau
M'a donné
Son vol,
Pour quelques
Pots de grain...

Dans et vole
Dans l'air de Bach,

Petit pigeon,
Avec ta guitare...
Haut vol !!

L'antre jaune du visage
De l'oeil qui se réveille
N'est pas l'éclipse

Du métal,
Vous les crachats d'usine
Ouvrez vous le ventre
Comme dans la communauté
Des morts de la nuit.

Ca part d'un vide

Ils sont partis
Par là,
Ces presque voyous
Derrière les arbres
Du-pont
Dans le chemin
Aux feuilles permanentes,

Pour lui,
Proposer quelques
Affaires...
Un jour dit ?

FIN

Raoul Téves

Editions BOD 2020

Edition : Books on Demand,
12/14 rond-Point des Champs-Elysées, 75008 Paris
Impression : BoD - Books on Demand, Norderstedt, Allemagne
ISBN : 9782322210985
Dépôt légal : avril 2020